THÈSE

POUR LA LICENCE.

L'acte public sur les matières ci—après sera soutenu,
le jeudi 14 mai 1857, à une heure,

Par MARIE–CAMILLE–ANATOLE CARTERON, né à Amance
(Haute-Saône).

Président : M. OUDOT, Professeur.

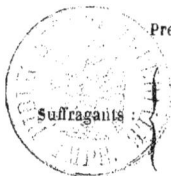

Suffragants :

MM. VALETTE,	
MACHELARD,	Professeurs.
DURANTON,	
LABBÉ,	Suppléant.

*Le Candidat répondra en outre aux questions qui lui seront faites
sur les autres matières de l'enseignement.*

PARIS,

CHARLES DE MOURGUES FRÈRES, SUCCESSEURS DE VINCHON,
Imprimeurs de la Faculté de Droit,
RUE J.–J. ROUSSEAU, 8.

1857.

2571

A LA MÉMOIRE DE MA MÈRE.

———

A MON PÈRE.

JUS ROMANUM.

~~∞∞≪∞≫∞~~

DE USURPATIONIBUS ET USUCAPIONIBUS.

Usucapio in lege Duodecim Tabularum usus auctoritas vocata, Ulpiano numeratur inter modos jure civili datos ad proprietatem acquirendam. Eam quidem definivit Ulpianus : *Dominii adeptio per continuationem possessionis anni vel biennii.*

Videamus primum quis possit usucapere, et quas res et quanto tempore.

I. QUI POSSINT USUCAPERE.

Civibus romanis tantum licet usucapere : atque inter illos, solus paterfamilias omnia usucapit quæ recipiunt, usucapionem : filiusfamilias contra, milesque, in castris solum adquisita. Nec pupillus infans sine tutoris auctoritate, nec furiosus, nec hereditas jacens usucapionem inchoare possunt.

II. QUÆ RES USUCAPIONEM RECIPIANT VEL NON RECIPIANT.

Res corporales maxime usucapionem recipiunt : nec etiam omnes, exceptis rebus sacris, sanctis, publicis, populi romani et civitatum, cæterisque quæ non sunt in commercio. Item omnibus rebus fisci, dotali fundo cujus usucapio inchoata fuerat ante contractum matrimonium, atque rebus furtivis ex lege Duodecim Tabularum non competit usucapio : quod non eo pertinet, ut ne ipse fur usucapere possit (nam huic alia ratione usucapio non competit, quia scilicet mala fide possidet), sed ne ullus alius, quamvis ab eo bona fide et ex justa causa acceperit, usucapiendi jus habeat.

Rei furtivæ fructus, bonæ fidei possessor suos facit et quoque fœtus pecorum apud se editos ; non autem ancillæ furtivæ partum usucapere potest, nisi apud ipsum conceptus sit et editus : partus enim ancillæ non fructus est, sed pars viscerum matris.

Furti vero vitium cessat ex lege Atinia *cum res revertatur in potestate ejus cui subrepta est :* quod sic accipiendum est, ut in domini potestatem debeat reverti, non in ejus cui subreptum est.

Exemplo legis Atiniæ, lex Julia et Plautia, res corporales vi possessas usucapi vetat, antequam in potestatem domini heredisve ejus perveniant. Et ut res in hoc vitium incidat, necesse est non solum possessorem vi detrudi, sed et eum qui detrusit, ipsum occupare possessionem.

Regulariter definiendum est, quod ubique lex impedit usucapionem, bona fides usucapienti nihil prodest.

III. QUÆ SINT CONDITIONES CIRCA USUCAPIONEM REQUISITÆ.

Tria hæc necessaria sunt, ut usucapioni locus sit : scilicet continuatio possessionis tempore legis definito, justa causa et bona fides.

Sine possessione usucapio contingere non potest : quæ possessio animo et corpore acquisita, regulariter, ut diximus, anni quidem ad mobilium, biennii ad immobilium rerum usucapionem requiritur.

Continuum in usucapionibus tempus numeratur; necesse ergo est, ut si quis usucapere velit, ejus non interrumpatur præscriptio. Quæ usucapionis interruptio, seu usurpatio accidit, cum possessor animum possidendi amisit; vel cum de possessione vi dejicitur, vel ei res ab extranea persona eripitur.

A quacumque persona interrupta possessio erga omnes usucapioni obstat.

Non necesse est ut is qui usucapit, ipse per integrum tempus possiderit. Enimvero plerumque successori licitum est, uti accessione possessionis auctoris sui : sed multum interest utrum universalis an singularis successor sit.

Possessio testatoris universali successore proficit, si medio tempore res a nullo possessa fuit: una est eademque possessio defuncti et universalis successoris, unde procedit ut ex persona solius defuncti æstimetur qualis possessio sit, justa aut injusta ; nec ullo modo interest, quæ et qualis fuerit heredis opinio quum defunctus ipse possidere cœpit. Itaque si defunctus bona fide emerit usucapietur res, quamvis heres sciat alienam esse ; et ex diverso, mala fides defuncti heredi nocet quamvis ipse heres bonæ fidei sit. At si vitium quod obstabat, non ex persona defuncti, sed ex re, purgatum fuerit, ut puta si fisci res esse desierit, aut furtiva, etsi non fuerit inchoata a defuncto usucapio, procedit heredi ejus.

Hactenus de universalibus successoribus, nunc de singularibus tractandum.

Singularis successoris possessio, auctoris possessione regu-

lariter adjungenda esse non debet : non una quidem possessio
a singulari successore continuatur, sed sunt duæ possessiones
separatim æstimandæ ex persona auctoris successorisque, si quis
scire velit an justæ vel injustæ sint et ad usucapionem profi-
ciant. Alterutræque possessionis attamen aliquando tempora
conjungi debent, cum alterutrique (auctor successorque) bona
fide possidebant. Auctor lato sensu dicitur is, a quo rem acce-
peris vel ex ultima illius voluntate, vel ex aliquo negotio quod
cum illo habueris. Nec distinguendum utrum quis ex lucra-
tiva, an ex onerosa causa successor fuerit.

Præterea ad usucapionem requiritur ut justa causa (id est
justus titulus) sit, ex qua possessio proficiscatur. Justum autem
titulum accipimus illum ex quo, quis rem, ex causa perpetua
et ad transferendum dominium idonea, tanquam suam possidet. Cæterum non refert utrum onerosus an lucrativus sit
titulus ; justo igitur cum titulo possidet, qui pro emptore, pro
donato, pro soluto, vel pro dote possessor est : sunt et alii justi
possessionis tituli qui in Pandectis explanantur.

Necessaria quoque possessori est bona fides ad usucapionem inchoandam, seu justa opinio quæsiti domini : quæ justa
opinio non intelligi potest in eo qui ne quidem scit se possidere;
ideoque si emptam rem mihi procurator ignorante me, meo
nomine apprehenderit, quamvis possideam, eam non usuca-
piam. Ex his apparet, bonam fidem esse errorem possessoris,
ex justa causa dominium sibi comparasse existimantis ab eo
qui alienandi jus habebat.

Regulariter bona fides, initio tantum possessionis ad usucapionem requiritur : hoc jurisconsulti his verbis demonstrant :
« sufficit *initium justum* possessionis, mala fides superveniens,
non impedit usucapionem. » In emptione-venditione attamen,
bonam fidem apparet non solum contractus, sed etiam tradi-

tionis tempore necessariam esse : post traditionem verum, ut supra diximus, bonæ fidei continuatio inutilis est.

Magnopere dubitatum fuit inter jurisconsultos an justa causa et bona fides, conditiones duæ essent distinctæ necessariæque (an opinio justi tituli ad usucapionem proficere posset). Stricto quidem jure error causæ usucapionem non pariebat, et inter prudentes nonnulli hanc regulam admisisse videntur : plerique contra ab summa juris rigore discesserunt, et ex Pandictis satis constat, id quod quis, cum suum esse existimaret possiderit, usucapi, etiamsi ejus falsa fuerit existimatio : veluti, si ob id aliquid possideam, quod servum meum emisse id falso existimem : quia in alieno facto tolerabilis error est.

DE USUCAPIONIS EFFECTU.

Duplicem habet effectum usucapio : si tibi rem mancipi non mancipavero, neque in jure cessero sed tradidero tantum, in bonis quidem tuis ea res efficitur. Ex jure quiritum vero, mea permanet, donec tu eam possidendo usucapias.

Usucapioni denique altera est utilitas, ut rerum mancipi vel non mancipi a non domino traditorum, is dominus fiat, qui eas bona fide acceperit.

DE LONGI TEMPORIS PRÆSCRIPTIONE.

(C., VII, 33.)

Ex juridictione prætoris, profecta est longi temporis possessio, quasi in supplementum usucapionis, quæ stricte juri civili inclusa erat. Dominium acquirendi, modus non erat præscriptio, sed possessori exceptionem præbebat, ad repellendam actionem domini.

Nonnullis ex causis ab usucapione differt præscriptio quarum brevis necessaria est enumeratio : inter præsentes decennio, inter absentes autem viginti annis peragebatur : quædam res corporales deinde, longi temporis præscriptione non etiam usucapione acquiri poterant : itaque in rebus quæ usucapionem recipiebant utilis erat longi temporis præscriptio, quod simul dominium, omniaque jura in se constituta hac præscriptione perimebantur. Non solum denique naturaliter, cessante possessione, sed civiliter etiam litis contestatione ex constitutionibus apparet, longi temporis præscriptionem interrumpi posse.

Justinianus jus civile et prætorium omnino in unam consonantiam jungens, longi temporis præscriptionem in usucapionem transfudit, ita ut possessori non utilis tantum, sed directa in rem actio competeret. Præsentiam absentiamque aperte definivit, et usucapionis nomen in mobilibus tantummodo rebus servavit : cujus usucapionis tempus, ad triennium protulit.

POSITIONES.

I. Usucapio, non præcedente vero titulo, procedere non potest.

II. Litis contestatione, usucapionis usurpatio locum non habet.

III. Non requiritur bona fides in usucapione ex prædiatura.

IV. Accessio possessionum, semper fuit in usu apud Romanos.

DROIT FRANÇAIS.

(Code Nap., liv. 3, tit. 20, art. 2219-2281.)

CHAPITRE Ier.

DISPOSITIONS GÉNÉRALES.

Le mot *prescription*, en droit français, est bien loin d'avoir la signification qu'il avait en droit romain.

A Rome, la prescription était un moyen accordé au possesseur, non pas d'acquérir la propriété, mais de repousser par une exception l'action du propriétaire qui n'était plus dans les délais voulus : c'était une restriction mise au commencement de la formule adressée au juge par le préteur : *Ea res agatur cujus non est possessio longi temporis.* C'est cette restriction qui garantissait le défendeur à la possession contre l'action du demandeur ; et comme cette phrase était mise au commencement de la formule, de là le nom de *præscriptio* que lui avaient donné les Romains.

Chez nous, tout au contraire, le Code définit la prescription : Un moyen d'acquérir et de se libérer par un certain laps de temps et sous les conditions déterminées par la loi.

Nous n'entamerons point de discussion pour savoir si la prescription est bien réellement un moyen d'acquérir ou de se libérer, ou si elle n'est pas plutôt la présomption légale d'une juste cause de libération ou d'acquisition ; car, quel que soit le parti que l'on adopte à cet égard, les conséquences que la prescription entraîne restent les mêmes dans l'un et l'autre système. Disons tout de suite que, d'après la définition du Code, il faut distinguer deux sortes de prescriptions : l'une, la prescription acquisitive, qui est un moyen d'acquérir sans titre certains droits réels ; l'autre, la prescription libératoire, qui est un moyen de prouver l'extinction d'une dette sans avoir à représenter de quittance.

La prescription n'est pas toujours d'accord avec la morale ; elle est souvent injuste, mais l'intérêt général exigeait que l'on fixât un terme après lequel il ne fût plus permis d'inquiéter les possesseurs, de rechercher les droits trop longtemps négligés. Le législateur devait admettre la prescription dans un intérêt d'utilité publique, sauf à l'abandonner à la conscience de ceux qui l'invoqueraient ; et, par une même raison, il devait s'opposer à ce que l'on renonçât d'avance à la prescription. Sans quoi c'eût été troubler l'ordre public, encourager la faute et l'incurie et rendre à peu près illusoire le principe de la prescription que l'on venait d'établir.

Aussi, l'art. 2220 dit-il positivement : on ne peut d'avance renoncer à la prescription, si ce n'est à celle acquise, car dans ce dernier cas, il ne faut pas forcer quelqu'un à être spoliateur malgré lui. Cette renonciation peut être expresse ou tacite : expresse, lorsqu'elle est faite par acte authentique ; tacite, lorsqu'elle résulte de certains faits qui renferment implicitement la reconnaissance du droit sujet à prescription ; par exemple, lorsque le possesseur achète du propriétaire une servitude sur l'immeuble possédé, ou quand il le prend à bail; quant aux personnes qui peuvent renoncer à la prescription, comme la renonciation emporte déchéance du droit d'être libéré ou de garder la chose, la loi a exigé du renonçant la capacité d'aliéner et enlevé par conséquent cette faculté aux mineurs, aux interdits et aux femmes mariées non autorisées, etc.

Le Code, dans l'art. 2223, a consacré énergiquement l'idée que la prescription n'opérait pas son effet de plein droit et devait être opposée par la partie elle-même. Aussi, dit-il : « Les « juges ne pourront suppléer d'office le moyen résultant de la « prescription. » Cette règle, bien entendu, ne s'applique qu'en matière civile, car en matière criminelle la prescription est d'ordre public.

La prescription étant, non pas une exception tendant à faire renvoyer l'examen de l'affaire à un autre temps et devant un autre tribunal, mais une défense, puisqu'elle tend à faire rejeter la prétention du demandeur, en établissant qu'elle est mal fondée, peut donc être opposée en tout état de cause, même en appel, à moins que la partie qui ne l'a pas opposée ne doive être présumée y avoir renoncé.

Lorsqu'elle est accomplie, la prescription peut être opposée non-seulement par celui qui a prescrit, mais encore par ses créanciers ou par toutes autres personnes intéressées : telles que les cautions, les codébiteurs solidaires. Seulement, lorsqu'une renonciation à la chose prescrite a été faite par le possesseur lui-même, ses créanciers peuvent-ils invoquer la prescription, en prétendant que la renonciation est frauduleuse et qu'elle leur est préjudiciable? Cette question a été très controversée par les jurisconsultes.

Les choses seules qui sont susceptibles d'une propriété privée, les choses seules qui sont dans le commerce peuvent être acquises par prescription. Sont imprescriptibles, entre autres choses, celles qui appartiennent à des personnes contre lesquelles on ne peut prescrire, comme les biens des mineurs et des interdits pendant la minorité ou l'interdiction; et celles, enfin, qui sont affectées à un usage public.

Pour ce qui concerne les biens de l'État, des communes, des établissements publics, l'art. 2227 a abrogé la législation antérieure. Les biens de l'Etat, autrefois, étaient inaliénables et imprescriptibles; la loi du 22 novembre 1790 les déclare, ainsi que les biens des communes, aliénables et prescriptibles par quarante ans. Le Code, enfin, innova en soumettant ces biens à la même prescription que les biens des particuliers, mais la règle de l'art. 2227 ne s'applique qu'aux biens du domaine privé, c'est-à-dire à ceux dont l'Etat perçoit les revenus comme un simple particulier pour les employer à ses besoins.

CHAPITRE II.

DE LA POSSESSION.

La propriété et la possession, l'une étant le droit et l'autre l'exercice du droit, sont presque toujours réunies sur la même tête. Le fait cependant de la réunion de la propriété et de la possession peut ne pas exister, et chacun de ces droits se présente alors avec les avantages et les caractères qui lui sont propres.

La possession procure les avantages suivants :

1° Elle donne au possesseur de bonne foi le droit de faire les fruits siens (art. 549) ;

2° Elle fait présumer la propriété;

3° Elle procure au possesseur les actions possessoires, c'est-à-dire le moyen, quand il a été troublé dans la jouissance ou dépossédé, de faire cesser le trouble ou l'usurpation. Nous parlerons plus tard de ces actions;

4° Elle donne instantanément la propriété de la chose *nullius*, et même des meubles corporels appartenant à autrui qui n'ont été ni perdus ni volés;

5° Enfin, elle sert de base à la prescription et fait, par conséquent, parvenir, par sa continuation pendant un certain temps, à la propriété des immeubles d'autrui.

Le Code définit la possession : *la détention ou la jouissance d'une chose ou d'un droit que nous tenons ou que nous exerçons par nous-mêmes ou par un autre qui la tient ou l'exerce en notre nom.*

La possession ne consiste pas dans une détention quelconque. C'est une détention *sui generis*, la détention d'une chose avec *l'intention de l'avoir pour soi, animo domini.* Ceux qui possèdent pour autrui, *sunt in possessione sed non possident*, car ils détiennent *sine animo rem sibi habendi.* Ils sont l'instrument de la possession du maître.

Quant à l'intention de posséder sans la détention, elle est également insuffisante.

Pour acquérir la possession, il faut donc l'*animus* et le *corpus;* pour la conserver l'*animus* seul suffit. Enfin, on peut la perdre *vel animo tantum, vel corpore tantum*, pourvu, toutefois, que dans ce dernier cas la dépossession par le fait d'un tiers ait duré un temps suffisant pour exclure l'exercice de l'action possessoire.

La possession, pour servir de base à la prescription, doit avoir, aux termes de l'art. 2229, les caractères suivants :

Elle doit être continue, non interrompue, paisible, publique non équivoque et à titre de propriétaire.

La possession est continue quand elle n'est ni perdue ni abandonnée pour être reprise. C'est l'exercice régulier d'un droit ou d'une chose ; c'est celle enfin qui pendant tout le temps requis pour la prescription s'est manifestée par des actes assez rapprochés les uns des autres pour que l'opinion publique en ait été frappée, sans que cependant il ait été nécessaire au possesseur de faire à chaque instant des actes de jouissance.

La possession est non interrompue quand elle n'a pas été troublée dans son cours par certains faits déterminés par la loi, appelés interruptions, et que nous verrons bientôt. Ainsi, la discontinuation de la possession est une intermittence apportée par le possesseur dans la jouissance de sa chose. L'interruption, au contraire, est non pas une intermittence, mais une cessation, un anéantissement complet de la possession.

La possession est paisible lorsqu'elle a été acquise et conservée sans acte de violence, et lorsque pendant son cours elle n'a été entravée par aucune tentative d'usurpation. En droit français, le vice résultant de la violence cesse avec elle, et il est purement relatif, en ce sens qu'il ne peut être invoqué que par la personne violentée ou ses représentants.

La possession est publique lorsque le détenteur n'a rien fait pour la cacher à ceux qui avaient intérêt à la connaître, bien que ceux-ci l'aient d'ailleurs ignorée ; lorsque, en un mot, il a possédé *au vu et su de tous ceux qui l'ont voulu voir et savoir.*

Elle est non équivoque lorsqu'il est impossible de méconnaître son existence et qu'il ne peut exister aucun doute, soit sur elle-même, soit sur les caractères qu'elle doit présenter.

Enfin, le détenteur possède à titre de propriétaire lorsque sa possession est exempte de précarité, c'est-à-dire lorsqu'il a l'*animus domini* et qu'il possède pour son propre compte.

La précarité ne se présume pas. Le détenteur, aux termes de l'art. 2230, est toujours présumé avoir possédé pour lui-même, à titre de propriétaire, s'il n'est prouvé qu'il a commencé à posséder pour un autre. Mais cette preuve une fois faite, il est toujours censé continuer la possession à titre précaire, sauf bien entendu la preuve du contraire. L'art. 2232 s'exprime ainsi : « Les actes de pure faculté et ceux de simple tolérance ne peuvent fonder ni possession ni prescription. » Les actes de pure faculté sont ceux que nous pouvons faire, soit en vertu d'une disposition permissive d'une loi municipale ou d'un statut local, ou en vertu d'un droit naturel. Quant aux actes de tolérance, ce sont ceux que le propriétaire, à raison du peu de préjudice qu'il en éprouve, consent à supporter, bien qu'il puisse les faire cesser à sa volonté.

L'art. 2232 explique très bien la disposition de l'art. 691, portant que les servitudes discontinues ne s'acquièrent point par prescription. Cette règle n'est donc nullement une conséquence de la continuité exigée pour que la possession à fin de prescrire soit parfaite.

Expliquons, avant de passer au chapitre III, la pensée de l'art. 2235. Cet article a pour but de ne pas entraver le commerce et la circulation des biens, en permettant l'accomplissement de la prescription, bien que pendant le temps requis la possession ait changé de mains ; c'est-à-dire en permettant aux successeurs, quels qu'ils soient, de joindre leur possession à celle de leurs auteurs pour compléter la prescription.

Une distinction fondamentale, quoique non prévue dans l'article 2235, sépare les successeurs universels et les successeurs à titre particulier. Les premiers, succédant à la personne comme aux biens, n'ont pas de possession à eux propre, et si leur auteur ne pouvait prescrire, ils ne le pourront pas non plus. Les seconds, au contraire, ne continuant pas la personne, ont une possession qui leur est particulière ; de sorte qu'ils peuvent joindre la possession de leur auteur à la leur, quand elle leur est utile, comme la rejeter quand elle leur est nuisible.

CHAPITRE III.

DES CAUSES QUI EMPÊCHENT LA PRESCRIPTION.

Le vice dont la loi s'occupe dans ce chapitre est la précarité dont nous avons déjà parlé. Sont détenteurs précaires, ceux qui détiennent la chose *non tanquam suam sed tanquam alienam ;* tels sont le fermier et le dépositaire. S'ils ne peuvent prescrire, leurs héritiers ne le peuvent pas davantage, le vice de précarité se perpétuant éternellement malgré l'*animus domini* qui surviendrait plus tard, à moins qu'il ne soit purgé par l'une des deux causes indiquées par l'art. 2238 : 1º interversion fondée sur un titre nouveau provenant d'un tiers ; 2º contradiction opposée par le détenteur au droit du propriétaire. Hors ces deux cas, il y aura toujours détention précaire et impossibilité de prescrire. C'est ce que la loi formule dans la maxime : « nul ne peut prescrire contre son titre, » c'est-à-dire nul ne peut se changer lui-même la cause et le principe de sa possession.

Il ne s'agit ici que de prescription acquisitive ; d'où la conséquence formellement d'ailleurs exprimée par le Code que l'on peut très bien prescrire contre son titre pour la prescription libérative. Dans ce cas, en effet, le débiteur n'a pas de titre ; c'est plutôt contre le titre du créancier que contre le sien qu'il prescrit.

CHAPITRE IV.

DES CAUSES INTERRUPTIVES OU SUSPENSIVES DE LA PRESCRIPTION.

L'interruption et la suspension diffèrent essentiellement l'une de l'autre. L'interruption anéantit la prescription antérieure, et ne laisse place qu'à une prescription nouvelle. La suspension, obstacle temporaire, au contraire, laisse subsister le temps antérieurement acquis pour la prescription, qui pourra se compléter quand la suspension cessera.

Dans le premier cas, c'est une prescription nouvelle qui commencera après l'interruption; cette prescription pourra donc être d'une autre nature que la précédente, ou plus longue ou plus courte. Dans le second cas, au contraire, c'est la même prescription qui reprendra son cours un moment entravé; sa nature ne sera pas changée, et la durée exigée pour qu'elle s'accomplisse sera toujours la même.

SECTION 1re.

Interruption de la prescription.

L'interruption est naturelle ou civile: naturelle, lorsque le possesseur est privé, pendant plus d'un an, de la jouissance de la chose, soit par l'ancien propriétaire, soit même par un tiers, quand le possesseur enfin abdique sa possession; quand le maître d'une servitude, en voie de se prescrire par le non usage, se remet à exercer cette servitude; quand la chose possédée devient absolument imprescriptible.

L'interruption est civile, au contraire, lorsqu'elle résulte : 1° d'une demande en justice; 2° d'une citation en conciliation suivie dans le mois de l'assignation; 3° d'un commandement ou d'une saisie signifiés à celui que l'on veut empêcher de prescrire; 4° enfin, de la reconnaissance expresse ou tacite, écrite ou verbale, faite par le possesseur ou le débiteur du droit du propriétaire ou du créancier.

Examinons succinctement les divers cas d'interruption civile :
La demande en justice, même formée devant un juge incom-

pétent, interrompt la prescription. La loi n'a pas voulu rendre le demandeur victime de son ignorance en matière de compétence, ignorance, du reste, vu la difficulté de la matière, qui peut être très excusable. Plusieurs causes peuvent la faire déclarer non avenue : lorsqu'elle est rejetée ou déclarée nulle pour défaut de formes ; lorsque le demandeur se désiste de sa demande (c'est-à-dire de la procédure qu'il a commencée) sans qu'il soit nécessaire que le désistement porte sur le droit lui-même ; lorsqu'il a laissé périmer l'instance par trois ans d'inaction.

Disons seulement du commandement qu'il n'a d'autre avantage sur la demande en justice que de ne pas être sujet à péremption, et de ne perdre sa force interruptive qu'après trente années.

Quant à la citation en conciliation, la loi ne lui attache un effet interruptif de prescription que parce qu'elle est le préliminaire obligé de l'assignation et de l'instance, ainsi que cela résulte de l'art. 48 du Code de procédure civile ; mais cet effet n'est produit que si, dans le mois, à partir du jour où les parties ont dû comparaître devant le juge de paix, la citation est suivie d'une demande en justice.

L'interruption naturelle apporte un obstacle absolu à la prescription : elle est opposable par tous et contre tous. L'interruption civile au contraire, en principe, ne profite qu'à celui qui l'a faite ou consentie. C'est l'application de la règle : *res inter alios acta aliis neque nocet, neque prodest.* Cependant, il y a dérogation dans les cas de solidarité, indivisibilité et cautionnement.

S'il s'agissait d'une prescription acquise, la reconnaissance faite par le débiteur principal ou l'un des codébiteurs solidaires constituerait une véritable renonciation, qui ne pourrait être opposée aux autres codébiteurs ni à la caution.

SECTION II.

Suspension de la prescription.

L'art. 2251 pose le principe en ces termes : « La prescription « court contre toute personne, à moins qu'elle ne soit dans « quelque exception établie par une loi. »

Ces exceptions sont fondées, les unes sur la qualité du propriétaire, les autres sur les rapports des parties entre elles, les autres enfin sur la moralité de la créance.

La prescription ne court pas :

1° Contre les mineurs et les interdits. Il ne faut pas qu'ils soient victimes de la négligence des tuteurs, qu'ils ne peuvent ni surveiller ni faire destituer. Remarquons qu'il s'agit seulement ici des prescriptions qui s'accomplissent par plus de cinq ans. Car les petites prescriptions courent très bien contre les mineurs et les interdits.

2° Contre les femmes mariées, dans quatre cas :

Lorsque la femme est mariée sous le régime dotal, la prescription de ses biens dotaux, à moins qu'elle n'ait commencé à courir avant le mariage, ne court contre elle qu'à partir de la séparation de biens.

Lorsqu'elle est mariée sous le régime de la communauté et que l'exercice de son action entraînerait une option à faire sur l'acceptation ou la renonciation à la communauté, la prescription ne court également pas contre elle avant la dissolution du mariage. La loi n'a pas voulu accorder à la femme un contrôle sur l'administration de son mari, contrôle nuisible à la paix du ménage.

Enfin sous quelque régime que la femme soit mariée, lorsque son action est de nature à réfléchir contre son mari, ou lorsque c'est une action en rescision de contrats faits par la femme sans autorisation soit de son mari, soit de la justice. La loi a suspendu au profit de la femme la prescription jusqu'à la dissolution du mariage.

3° La prescription ne court pas davantage entre époux. Il serait contraire à la nature de la société du mariage, que les droits de chacun ne fussent pas l'un à l'égard de l'autre respectés et conservés. Et du reste, la loi n'a pas voulu leur accorder un moyen trop facile de se faire des libéralités indirectes.

4° Elle ne court également pas contre l'héritier bénéficiaire à l'égard des créances qu'il a contre la succession. Puisqu'il est nanti en effet de biens qui forment son gage, et sûr par conséquent d'obtenir le dividende auquel il a droit, il n'a aucun intérêt à exercer des poursuites contre la succession.

5° Enfin elle est suspendue à l'égard des créances conditionnelles ou à terme, jusqu'à ce que le terme soit échu ou la condition réalisée. Il en est de même pour l'action en garantie, qui est imprescriptible tant que l'événement n'a pas eu lieu. Le créancier, en effet, n'est pas en faute de n'avoir pas exercé de poursuites, puisqu'il ne pouvait rien exiger.

CHAPITRE V.

DU TEMPS REQUIS POUR PRESCRIRE.

SECTION Iʳᵉ.

Dispositions générales.

Art. 2260. La prescription se compte par jours et non par heures. Les fractions de jours ne comptent pas : ainsi le temps requis pour la prescription est un délai franc, on ne compte ni le jour qui lui sert de point de départ, ni le jour de l'échéance. Les jours de fêtes légales comptent comme les autres, et il en est ainsi alors même que le jour férié se trouve être le dernier de la prescription. Le Code a posé, dans l'art. 2260, une règle formelle, afin d'éviter une foule de procès ou la preuve eût toujours été fort difficile.

SECTION II.

De la prescription trentenaire.

Art. 2262. Toutes les actions, tant réelles que personnelles, sauf celles déclarées imprescriptibles par la loi, sont prescrites par trente ans, sans que celui qui allègue cette prescription soit obligé d'en rapporter un titre, ou qu'on puisse lui opposer l'exception déduite de la mauvaise foi.

Remarquons cependant que pour les actions réelles seules on exige la possession avec les caractères que nous avons indiqués plus haut. Les actions personnelles, au contraire, s'éteignent par cela seul que celui auquel elles appartiennent est resté dans l'inertie pendant le temps requis.

Quant à la rente, il faut bien distinguer entre la rente elle-même, ou le droit aux arrérages, et les arrérages ou le produit de la rente. Ceux-ci se prescrivent par cinq ans à compter de l'échéance, tandis que la rente ne se prescrit que par trente ans.

Or il aurait pu arriver qu'au bout des trente ans, le débiteur qui aurait régulièrement payé les arrérages soutînt que sa rente était éteinte, sans que le créancier pût prouver le payement de ces arrérages, les quittances étant restées entre les mains du débiteur qui, dans ce cas, se serait bien gardé de les représenter; aussi la loi est-elle venue au secours du créancier, en l'autorisant à exiger, après vingt-huit ans, un nouveau titre de son débiteur. Si celui-ci refuse il l'assignera en reconnaissance du titre qu'il possède, et le jugement obtenu servira de titre nouveau.

De la prescription par dix et vingt ans.

Nous venons de voir que celui qui avait possédé pendant trente ans était dispensé de rapporter un titre, et qu'on ne pouvait lui opposer l'exception tirée de la mauvaise foi. Or, la loi ne pouvait mettre sur la même ligne celui qui sciemment s'empare du bien d'autrui et celui qui a de justes et légitimes raisons de croire à l'acquisition de la propriété; aussi l'article 2265 consacre-t-il le principe suivant :

« Celui qui acquiert de bonne foi et par juste titre un im-
« meuble, en prescrit la propriété par dix ans, si le véritable
« propriétaire habite dans le ressort de la Cour impériale dans
« l'étendue de laquelle l'immeuble est situé; et par vingt ans
« s'il est domicilié hors du ressort. »

Remarquons tout d'abord combien sont impropres les termes dont la loi s'est servi. Celui qui acquiert, dit la loi : rien n'est plus faux; on n'a pas acquis lorsque l'on a besoin de la prescription.

Ainsi la loi exige trois conditions pour cette prescription : 1° bonne foi; 2° juste titre; 3° possession de dix ou vingt ans.

1° *Bonne foi*. — La bonne foi est la croyance plus ou moins fondée d'avoir acquis légitimement la propriété de la chose possédée.

La bonne foi se présume toujours. C'est donc à celui qui la repousse d'établir la mauvaise foi. Quant au moment où elle est exigée, le droit canonique l'exigeait pendant tout le délai de la prescription; le droit romain ne l'exigeait qu'au début et le Code a reproduit la théorie romaine.

2° *Juste titre.* — Le juste titre est toute cause de droit qui de sa nature est translative de propriété; mais qui n'est ici qu'apparente, car elle n'émane pas du véritable propriétaire.

Le titre nul pour défaut de formes ne peut servir de base à la prescription de dix ou vingt ans. Si donc une donation a été faite par acte sous seing privé, le donataire mis en possession ne prescrira pas.

3° *Possession de dix ou vingt ans.* — C'est ce qu'on appelle en ces termes : possession de dix ans entre présents, de vingt ans entre absents ; et pour cette possession, remarquons-le bien, c'est le domicile seul du propriétaire, par rapport à la situation de l'immeuble, qui doit être considéré. La loi a prévu le cas de changement de domicile du véritable propriétaire, et elle a décidé par l'art. 2266 que, dans ce cas, il faudrait ajouter aux années de possession courues pendant la présence du propriétaire, un nombre d'années d'absence double de celui qui manquerait pour compléter les dix ans de possession entre présents.

La prescription de dix ou vingt ans fait acquérir :

1° La pleine propriété;

2° L'usufruit, l'usage et l'habitation;

3° Enfin la franchise de l'immeuble grevé d'un droit réel au profit du possesseur de cet immeuble (arg. de l'art. 2180).

Ainsi, c'est uniquement à la prescription acquisitive que s'applique ce que nous venons de dire sous la section III. Il existe cependant dans le Code trois cas de prescriptions libératoires

4

accomplies par dix ans. Se prescrivent par dix ans, aux termes
des art. 475, 1304 et 2270 : les actions du mineur contre son
tuteur, relatives aux faits de tutelle ; les actions en nullité ou
en rescision d'une convention ; et enfin, la garantie dont sont
tenus les architectes et entrepreneurs pour les gros ouvrages
qu'ils ont faits ou dirigés.

SECTION IV.

De quelques prescriptions particulières.

Les courtes prescriptions étaient autrefois réglées par un
statut local, ce qui les avait fait nommer statutaires. Elles s'accomplissent par un délai qui varie de six mois à cinq ans.

Quant au point de départ de ces prescriptions, la loi ne l'a
pas toujours indiqué pour celles inférieures à deux ans. On peut
y suppléer par le principe général, qu'une dette ne commence
à être sujette à la prescription que du jour de l'exigibilité. C'est
donc l'époque convenue soit expressément, soit tacitement pour
effectuer le payement qui doit être pris pour point de départ.

Parcourons quelques règles communes à toutes les courtes
prescriptions. Comme elles reposent d'abord sur une présomption de payement, la continuation des fournitures, livraisons,
services et travaux n'y met nul obstacle.

Elles cessent de courir dès qu'il y a compte arrêté, c'est-à-
dire reconnaissance de la dette en bas du mémoire ; cédule
(c'est-à-dire reconnaissance par acte sous seing privé), ou enfin
reconnaissance de la dette par acte authentique.

Ces prescriptions courent contre les mineurs et les interdits,
sauf leur recours contre leur tuteur.

DE LA PRESCRIPTION INSTANTANÉE.

L'art. 2279, pose le principe suivant : « *En fait de meubles possession vaut titre.* » Cette règle signifie que la revendication des meubles n'est pas admise dans notre loi et que la prescription quant à eux est acquise instantanément par le seul fait de la possession. Seulement ici, comme dans toute autre prescription, la précarité est toujours un obstacle.

Cet article est basé : 1° sur un motif d'équité ; car la propriété des meubles n'étant pas d'ordinaire constatée par écrit, l'acquéreur n'a aucun moyen de savoir si son vendeur est ou n'est pas propriétaire, et par conséquent, s'il l'est ou ne l'est pas devenu. 2° sur un motif d'ordre public, car la rapidité avec laquelle se transmettent les meubles aurait engendré des procès sans nombre, si la revendication avait été permise. Pour les objets perdus ou volés, il y a une exception. La prescription ne s'accomplit que par trente ans, lorsque la chose volée est restée entre les mains du vendeur, et par trois ans à partir de la perte ou du vol, lorsque l'objet volé ou perdu a changé de mains, et est passé en la possession d'une personne l'ayant acquis de bonne foi. Le propriétaire pendant tout ce temps a le droit de revendiquer sa chose. Cependant si celui qui la possède est étranger au vol, et l'achète de bonne foi dans une foire, un marché, ou dans une vente publique, la revendication du propriétaire ne sera admise que moyennant remboursement au possesseur du prix d'acquisition.

Il peut même arriver, quoique l'objet volé soit resté entre les mains du voleur, que la revendication du propriétaire réussisse très difficilement à l'expiration d'un délai de dix ans, de trois ans, ou d'un an. Les circonstances du vol en effet peuvent le modifier et le rendre soit crime, soit délit, soit contravention ; or l'action civile, suivant qu'elle est née d'un crime, d'un délit ou d'une contravention, est prescriptible par un laps de temps plus ou moins long.

Cette action une fois prescrite, il sera très difficile au demandeur de prouver la mauvaise foi du défendeur sans établir le vol; et comme le voleur est couvert à cet égard, l'action en revendication réussira rarement.

DES ACTIONS POSSESSOIRES.

(C. p., part. 1re, liv. 1. tit. 4, art. 23-27. Loi du 25 mai 1838, sur les justices de paix en ce qui concerne les actions possessoires.)

Les actions possessoires ont pour objet la possession, abstraction faite de la question de propriété. Rapprochons-les, pour bien les comprendre, des actions pétitoires. Elles tendent toutes deux à faire obtenir la détention physique, matérielle de l'objet, mais elles diffèrent essentiellement quant à leur cause, quant à leur principe.

Par l'action pétitoire, je demande la possession, parce que je prétends être propriétaire : si je triomphe tout est terminé, la question de propriété a été vidée définitivement.

Par l'action possessoire, au contraire, je demande la possession non parce que je me prétends propriétaire, mais parce que j'ai été dépouillé de la chose que je possédais, je me fonde uniquement sur ma qualité de possesseur. Si je triomphe au possessoire, j'aurai l'avantage bien grand dans le procès qui s'engagera au pétitoire, d'être défendeur et de rejeter sur mon adversaire la nécessité de prouver qu'il est propriétaire.

Mais en définitive, si l'action pétitoire exige une preuve plus difficile, puisque pour réussir il faut prouver son droit de pro-

priété, elle atteint son but bien plus sûrement que l'action possessoire, qui ne préjuge rien quant à la propriété.

Le Code de procédure ne divise pas les actions possessoires
en deux classes : la réintégrande et la complainte ; mais il en
est fait mention dans l'art. 2060 du Code Napoléon, ainsi que
dans l'art. 6 de la loi du 25 mai 1838.

La réintégrande est l'action par laquelle le possesseur qui est
non-seulement troublé, mais qui a été entièrement dépossédé,
demande à être remis en possession.

La complainte au contraire tendant à se faire maintenir en
possession, est l'action intentée par un possesseur troublé seulement dans sa possession par un tiers qui se prétend propriétaire ou possesseur légal.

On entend par trouble la dépossession qui a lieu sans violence,
et qui n'a pas duré un an ; c'est, en un mot, tout ce qui n'a pas
encore entraîné dans l'esprit du possesseur la perte de la possession.

Les actions possessoires ne peuvent avoir pour objet que des
immeubles : soit immeubles par nature, soit immeubles par des-
tination. Pour les meubles, la règle de l'art. 2279 empêche
qu'elles ne leur soient applicables en principe. En effet, elle
refuse au propriétaire lui-même la revendication ; comment dès
lors autoriser un simple possesseur à réclamer contre le trouble
ou les spoliations causés par un tiers.

Les actions possessoires, d'après l'art. 23 du Code de procédure civile, ne sont recevables qu'autant qu'elles ont été
formées dans l'année du trouble ou de la dépossession, par
ceux qui, depuis une année au moins, étaient possesseurs par
eux ou les leurs, à titre non précaire.

Le demandeur au possessoire a deux choses à prouver :

1° qu'il avait la possession légale ; 2° qu'il a été troublé ou spolié de cette possession. Sa preuve étant faite, il sera maintenu ou réintégré, quand bien même son adversaire serait le véritable propriétaire. Il ne reste plus qu'une ressource à ce dernier s'il prétend avoir le droit de faire les actes dont la cessation a été obtenue contre lui, celle d'agir au pétitoire et de faire la preuve de son droit. Ces dispositions, du reste, sont indiquées d'une manière positive dans l'art. 24, qui, prévoyant le cas où le défendeur nie le trouble et la spoliation, ordonne une enquête, en spécifiant que cette enquête aura seulement pour objet le fait de la spoliation ou de la dépossession, sans que l'on ait à s'occuper aucunement de la question de propriété.

Le Code de procédure confiant déjà les actions possessoires aux juges de paix, la loi du 25 mai 1838 les confirme exclusivement entre leurs mains, mais à charge d'appel.

L'art. 25 nous apprend que la question de propriété et la question de possession ne doivent jamais être décidées ensemble, et l'art. 26 ajoute : « Le demandeur au pétitoire ne sera plus recevable à agir au possessoire. » Il est présumé reconnaître qu'il n'a pas droit à cette action, et que son adversaire est le véritable possesseur.

Le défendeur au possessoire, c'est-à-dire l'auteur du trouble, ne pourra se pourvoir au pétitoire tant que l'action possessoire n'aura pas été décidée : donc, le défendeur à l'action possessoire ne pourra se soustraire à ses conséquences en agissant au pétitoire; et le demandeur au pétitoire ne pourra pas obtenir la discussion de son droit avant qu'il ait été statué au possessoire.

L'art. 27 s'exprime ainsi : « Le défendeur au possessoire ne pourra, s'il a succombé, se pourvoir qu'après qu'il aura plei-

nement satisfait aux condamnations prononcées contre lui. »
C'est là une dérogation formelle aux principes généraux, admise
par haine contre le possesseur violent. Toutefois, on a apporté
un tempérament à la rigueur de cette décision : « Si, néan-
moins, la partie qui les a obtenues était en retard de les faire
liquider, le juge du pétitoire pourra fixer, pour cette liquidation, un délai après lequel l'action au pétitoire sera reçue. »

Il ne fallait pas, en effet, permettre à celui qui a obtenu les
condamnations, de paralyser l'action de son adversaire, en
différant indéfiniment la liquidation des dépens et dommages
et intérêts.

——

QUESTIONS.

I. Un tuteur muni de l'autorisation nécessaire pour aliéner,
peut-il renoncer à la prescription ? — Non.

II. Si, dans une affaire soumise aux préliminaires de conciliation, le demandeur a formé une demande directe, l'assignation
sera-t-elle interruptive de prescription ? — Oui.

III. Toutes les actions possessoires, sans en excepter la réintégrande, exigent-elles la possession annale ? — Oui.

IV. Le vendeur qui n'a pas livré la chose vendue, peut-il la
prescrire? — Oui.

V. Les créanciers peuvent–ils toujours invoquer une prescription acquise lorsque leur débiteur y a renoncé? — Oui.

V. Ceux qui n'ont pas droit au bénéfice de la règle : « *en fait de meubles, possession vaut titre,* » peuvent-ils acquérir, par la prescription, l'immeuble qu'ils détiennent? — Il faut distinguer.

VII. Le juste titre putatif équivaut-il au juste titre réel? — Non.

Vu par le Président de la thèse,
OUDOT.

Vu par le Doyen,
C -A. PELLAT.